올바른 성장과 건강한 식생활
어린이 건강동화 시리즈 ❹ (흡연과 알코올 중독 편)

알코올과 빠끄미는 싫어! (개정판)

2판 2쇄 인쇄 2022년 1월 10일
2판 2쇄 발행 2022년 1월 20일

지은이 | 조만호
　　　　http://cafe.naver.com/jomanhobooks
　　　　E-mail : manhoooo@hanmail.net
주　소 | 부산 광역시 부산진구 동성로 134
전　화 | 051-805-1237
핸드폰 | 010-6337-9675

그　림 | 동훈·K
컬　러 | 동훈·K

펴낸이 | 박은숙
펴낸곳 | 계백북스
기　획 | 도국명
디자인 | 계백기획
주　소 | 서울시 용산구 한강대로 185(2층)
전　화 | 02-734-2267, 02-736-9914　팩스 | 02-736-9917
등　록 | 2009년 7월 15일 제301-2009-136호

CopyRightⓒ 조만호 2012
ISBN 978-89-97327-19-5

• 이 책은 무단복제 및 무단 전재를 금합니다.
　잘못된 책은 교환해 드립니다.

머리말

올바른 성장과 건강한 식생활

    오늘 우리의 사회는 큰 진통을 겪고 있습니다. 어쩌면 이 진통은 새 시대를 탄생시키려는 마지막 진통인 것 같습니다. 이는 마치 해산에 가까운 여인이 크게 진통을 겪는 것과 같습니다.

    요즘 우리의 문제는 이기주의입니다. 이기주의자는 항상 자기 자신만을 생각하고 삽니다. 생의 목표와 관심도 자기 자신에게만 머물게 됩니다. 그래서 이웃과 담을 쌓고 살아갑니다.

    올바른 성장과 건강한 식생활이 요구되어지는 이유입니다.
    건강한 육체는 강하고 활력 넘치는 삶의 요소이며 원동력입니다.
    삶의 목적과 의지도 강건한 육체를 지니고 있어야 원만하게 이룰 수가 있습니다.
    어렸을 때의 바르지 못한 자세와 잘못된 습관 …

올바른 성장과 건강한 식생활이라는 교훈적인 목적으로 구성된 건강동화 시리즈는, 우리 자녀들이 어릴 때부터 바른 자세를 갖는 습관, 올바른 식생활을 하는 습관, 알코올 중독 및 흡연에 대한 경각심 등 바른 교육을 통해 평생 건강하고 행복하게 살아갈 수 있는 밑거름이 되어 줄 것입니다.

나쁜 자세와 잘못된 식습관, 음주나 흡연 습관이 평생 동안 질병으로부터 고통 받고 삶의 질을 떨어트린다는 사실을 타의에 의한 강요가 아닌 이 책을 읽고 생각하며 아이들 스스로 자각하고 깨닫기를 바랍니다.

그래서 소중한 우리의 아이들이 올바르게 성장하고 건강하고 아름다운 생활을 할 수 있다면 필자는 더 이상 바랄 것이 없습니다. 훗날 건강하게 성장한 우리의 자녀들이 곧 건강한 나라를 만들며 이 나라를 책임지고 이끌어가는 일꾼으로서, 건강한 리더로서 성장하리라 믿습니다.

건강한 꿈이 있는 세상
조만호

책소개
〈흡연과 알코올 중독편〉

알따와 빠끄미는 싫어!

전 세계가 금연을 외치고 있습니다. 그래서 금연 인구가 줄어드는 추세라고 하는데 오히려 우리나라는 청소년 흡연율과 여성 흡연율이 증가하는 추세라고 하니 우리 모두가 고민해 봐야 할 숙제입니다. 음주도 마찬가지로 중독이 되면 재활이 어렵고 삶을 피폐하게 만듭니다. 이 책은 우리 자녀들을 이 무서운 흡연과 알코올 중독의 여러 질병으로부터 지키기 위하여 알기 쉽도록 설명한 것입니다. 우리 자녀들이 흡연과 음주가 건강에 해롭다는 것을 깨닫고 경각심을 가지며 성인이 되어서도 가능하면 흡연과 음주를 멀리 할 수 있도록 인도하고자 합니다. 그래서 우리 자녀들이 평생을 건강하고 행복한 생활을 할 수 있는 지혜와 방법을 스스로 이해한다면 이것이야말로 가장 좋은 건강 교육입니다.

흡연은 모두가 아시다시피 백해무익한 것으로서 만병의 근원입니다. 흡연은 혀, 식도, 폐, 위, 간 등 신체의 여러 부위에서 암을 발생시키는 발병의 주된 원인이 됩니다. 그래서 흡연은 처음부터 배우지 않는 것이 가장 중요합니다. 흡연은 습관성이 강하기 때문에 한 번 배우면 평생을 흡연하게 되고, 그로 인하여 여러 질병이나 암을 발생시키고 심지어 사망에 이르게 합니다. 그래서 아이들이 청소년이 되고 성인이 되어서도 흡연을 하지 않도록 경각심을 일깨우는 것이 매우 중요합니다. 알코올 중독은 습관적으로 술을 마시다가 결국 술을 마시지 않고는 아무 일도 하지 못하는 폐인이 되는 것입니다. 한두 잔 마시는 술은 건강에 큰 지장이 없지만 매일 마시거나 많이 마시는 사람은 결국에 알코올 중독으로 인하여 평생 불행한 삶을 살아가게 됩니다. 그래서 흡연과 음주는 성인이 되어서도 금하는 것이 좋기 때문에 부모님과 자녀 모두 흡연과 음주의 위험성과 경각심을 갖는 것이 필요합니다. 더불어 부모님들도 가능하면 음주나 흡연은 자녀들이 보는 앞에서 가급적 삼가는 것이 좋으며 자녀들이 쉽게 접하지 않도록 각별히 조심해야 합니다. 자녀들이 흡연과 음주에 노출되지 않고 올바르고 건강하게 성장할 수 있도록 부모님의 세심한 주의와 관심이 필요합니다.

인간을 비롯한 모든 동·식물들은 강한 생명력을 바탕으로 살아가고 있습니다. 모두 다 건강하게 살아가기 위해서는 좋은 환경과 신선한 먹거리가 있어야 합니다. 동·식물들은 물, 공기, 햇빛 및 신선한 먹거리만 있으면 지구라는 울타리 안에서 아무 문제없이 살아갈 수 있습니다. 그러나 오늘날의 현대인들은 과중한 업무와 치열한 경쟁 속에서 극심한 스트레스에 시달리고, 편리함만을 좇고, 지나치게 많은 음식물을 섭취하며 건강을 돌보지 못한 채, 그야말로 정신없이 살아가고 있습니다. 현대인들은 나쁜 자세로 인한 척추질환, 만성 피로로 인한 근육통 및 소화 불량, 두통 등 각종 성인병에 노출되어 힘들게 살아가고 있습니다. 문제는 한창 자라나는 우리 자녀들이 성인 못지않은 스트레스와 각종 질환의 위험성에 노출되어 있다는 것입니다. 대한민국의 부모님들은 우리 아이들이 남들보다 공부는 물론이고 모든 면에서 뛰어나야 한다는 욕심을 가지고 있습니다. 그러다 보니 건강해야 할 우리 아이들이 과도한 경쟁과 과잉 교육열로 인하여 스트레스와 온갖 질병의 위험에서 자유로울 수 없는 것이 현실입니다. 그래서 이 안타까운 현실을 바로 보고 부모님과 아이들에게 정말 중요한 것은 성적이나 등수가 아니라 어릴 적부터의 바른 자세와 건강한 식습관, 올바른 생활 습관 등이 얼마나 중요한지를 함께 나누고자 이 책을 집필하였습니다.

알따와 빠끄미는 싫어! 차례

머리말 올바른 성장과 건강한 식생활 ● 06
책소개 〈흡연과 알코올 중독편〉 알따와 빠끄미는 싫어! ● 08

알따와 빠끄미는 싫어!

〈제1화〉 이상한 물 ● 11

〈제2화〉 알따와 빠끄미 ● 23

〈제3화〉 불량 왕국으로 ● 45

〈제4화〉 집으로 돌아갈래! ● 59

〈제5화〉 건강한 어린이가 될 테야! ● 77

부록 어린이 친구들에게 ● 89

제 1 화
이상한 물

"현서는 너무 빨라! 조금만 천천히 뛰어!"
"헤헤, 이제 원진이 네가 술래야."

원진이는 숨을 크게 들이마시고 달리기 시작했어요. 현서는 원진이를 피해 반대쪽으로 뛰었어요. 다른 친구들이 술래인 원진이를 피해 도망 다니고 있는 것이 보였어요. 현서는 원진이를 잘 살폈어요. 원진이가 이쪽으로 달려오면 도망갈 준비를 하고서요.

현서는 올해 3학년이 되었어요. 현서는 친구들과 함께 노는 것이 가장 즐겁답니다. 그래서 학교 수업이 끝나면 늘 친구들과 이렇게 신나게 뛰어놀았어요.

"아, 목말라."

집에 돌아온 현서는 냉장고부터 열었어요. 한참을 뛰어 놀았더니 목이 너무 말랐거든요.

"보리차가 있네! 엄마가 보리차를 끓여두셨구나."

처음 보는 생수통에 시원한 보리차가 들어 있는 것이 보였어요. 현서는 물통을 꺼내 컵에 따르지도 않고 벌컥벌컥 마셨어요. 순식간에 한 컵도 넘는 양을 마신 현서는 인상을 찌푸리며 물통을 입에서 뗐어요.

"으웩! 물맛이 왜 이러지?"

물은 구수한 보리차 맛이 아니라 시큼털털하면서 쓴맛이

났어요. 그러고 보니 냄새도 고약했어요. 현서는 숨을 참고 평소에 마시던 물병을 꺼냈어요. 이번에는 진짜 보리차가 들어 있었어요. 현서는 보리차를 꿀꺽꿀꺽 마셨어요. 하지만 현서의 입 안에는 처음에 마셨던 이상한 물맛이 계속 남아 있었어요.

'처음에 마신 물이 상한 걸까? 기분이 이상해.'

현서는 거실로 돌아와 소파에 앉았어요. 이상하게도 눈앞이 뱅글뱅글 돌았어요. 현서는 고개를 두어 번 흔들어 보았지만 어지러운 느낌은 사라지지 않았어요.

게다가 갑자기 속이 메스껍기 시작했어요. 당장이라도 토할 것 같은 기분에 현서는 화장실로 달려갔어요.

"엄마!"

한참을 화장실에 있던 현서가 엄마를 찾으며 거실로 나왔어요. 외출한 엄마는 볼일이 길어지는지 아직 돌아오시

지 않았어요. 현서는 엄마에게 전화를 하기 위해 전화기가 있는 쪽으로 향했어요.

 현서가 몇 발자국 걷지도 않았는데 갑자기 집안의 풍경이 빙그르르 돌았어요. 갑자기 바닥이 꿈틀거리더니 현서에게로 다가오는 느낌이 들었어요. 현서는 얼른 팔을 뻗어 바닥을 짚었어요.

"아얏!"

 현서는 분명히 잘 짚었다고 생각했는데 손목이 너무 아팠어요. 아무래도 손목을 삔 것 같아요. 현서는 다시 일어나려고 했어요. 하지만 손목도 너무 아팠고 몸에 힘을 줄 수가 없었어요.

'어떻게 해야 하지?'

 엎드린 채로 잠시 고민하던 현서는 갑자기 쏟아지는 잠에 스르르 눈을 감았어요.

"현서야! 현서야!"

현서가 다시 눈을 떴을 땐 밖이 이미 깜깜해져 있었어요. 고개를 들자 엄마가 깜짝 놀란 얼굴로 현서를 부르고 계셨어요.

"현서야, 너 어떻게 된 거니? 무슨 일이야?"
"응? 내가 왜 바닥에 엎드려 있지?"

현서는 어리둥절한 얼굴로 일어나려고 했어요. 그런데 손목이 너무 아팠어요. 현서는 비명을 지르며 손목 위쪽을 움켜잡았어요. 현서의 손목은 퉁퉁 부어 있었어요.

"현서야, 왜 그러니? 어디가 많이 아픈 거니?"

엄마가 얼른 현서를 일으켜 세웠어요. 현서는 다친 손목도 아프고 머리도 너무 아파서 얼굴을 잔뜩 찌푸리며 대답했어요.

"집에 와서 물을 마셨는데 갑자기 속이 이상하고 어지러웠어."

"현서야, 너 혹시 생수통에 있던 거 마셨니?"

"응. 그거 보리차인 줄 알고 마셨는데 맛이 이상했어. 냄새도 이상하고."

"어머, 그거 아빠가 드시려고 덜어 둔 술이야!"

엄마는 현서를 소파에 앉혀 두고 어디론가 전화를 거셨어요. 그러고는 현서에게 외출 준비를 시키셨어요.

"일단 손목을 삐었으니 엄마랑 지압원에 가자."

현서는 예전에 친구들과 놀다가 발목을 다쳤을 때, 지압원에 갔던 적이 있었어요. 지압을 받고 발목이 나았던 걸 떠올린 현서는 엄마보다 앞장서서 집을 나섰어요.

제 2 화
알따와 빠끄미

"현서가 또 왔구나."
"안녕하세요?"

약손 지압원에 도착하자 조만호 원장 선생님이 현서를 반갑게 맞아주셨어요.

"안녕하세요, 선생님. 우리 현서가 손목을 삐었어요."
"아이고, 저런. 이번엔 어쩌다가 그렇게 됐니?"

　현서는 원장 선생님이 권해 주시는 의자에 앉으며 낮에 있었던 일을 설명했어요.

　"엄마가 아빠 드리려고 담아 두신 술을 물인 줄 알고 마셨어요. 그런데 마시고 나니까 갑자기 어지러워서 그만 넘어지고 말았어요."
　"술을? 냄새가 물이랑 달랐을 텐데 그냥 마셨니?"
　"너무 목이 말라서 뚜껑을 열자마자 숨도 안 쉬고 그냥 꿀꺽꿀꺽 마셨거든요."

　원장 선생님은 현서의 손목을 세심하게 살펴보셨어요.

　"꽤 심하게 부었구나. 세게 넘어진 모양이네."

　손목을 만지는 것만으로도 너무 아팠지만 현서는 꾹 참았어요. 아프더라도 조금 참아야 금방 낫는다는 것을 알고 있기 때문이었어요.

　"자, 일단 지압부터 하자."

원장 선생님은 현서의 손목을 정성껏 지압해 주셨어요. 지압이 끝날 때까지 현서는 씩씩하게 잘 참았어요.

"현서가 정말 기특하구나. 많이 아팠을 텐데 울지도 않고 잘 참았어."

원장 선생님이 현서의 머리를 쓰다듬으며 칭찬해 주셨어요.

"선생님, 저 궁금한 게 있어요."
"우리 현서가 궁금한 게 뭘까?"
"술을 마시면 왜 어지러운 거예요? 속도 메스꺼워지고요."

원장 선생님은 빙긋이 웃으시며 사람의 몸이 그려진 그림을 보여 주셨어요.

"술에는 알코올이라는 성분이 있단다. 이 알코올은 우리 몸에 들어가면 뇌에 큰 영향을 주게 돼요."

원장 선생님은 뇌가 그려진 부분에 동그라미를 치셨어요. 현서는 원장 선생님이 보여 주시는 그림을 뚫어져라 쳐다봤어요.

"뇌는 우리 몸의 모든 부분을 조절하고 명령하는 역할을 한단다. 그런데 알코올은 뇌의 몇몇 부분들을 둔하게 만들어요. 그래서 생각하는 것이 느려진다거나, 아니면 잘 움직이지 못하게 된단다. 또 뇌가 둔해지면 참고 절제하는 능력이 떨어져. 그래서 평소보다 난폭해지고 공격적인 사람이 되기도 해요. 또 알코올은 우리 몸의 수분을 빼앗는단다. 술을 마신 후에 머리가 아픈 것은 몸의 수분이 부족해졌기 때문이야."

"하지만 우리 아빠는 술을 드셔도 잘 움직이시던 걸요? 기분도 좋아 보이시고요."

"가끔 마시는 적은 양의 알코올은 우리 몸이 원활하게 돌아가도록 하는 역할을 하기도 해요. 기분을 좋게 만들기도 하고. 하지만 너무 자주 마시거나 많이 마시는 술은 우

리 몸에 매우 좋지 않은 영향을 미치게 된단다."
"어떤 영향을 미치는데요?"

 현서가 고개를 갸웃거리며 물었어요. 원장 선생님은 사람 몸이 그려진 그림의 이곳저곳을 짚으며 설명하셨어요.

 "가장 먼저 위장이 약해질 수 있어요. 알코올이 위장의 보호막을 씻어내기 때문이야. 그리고 간이 상하게 되지. 알코올을 분해하는 일을 간이 맡아서 하거든. 게다가 뇌에도 문제가 생기게 돼요."

 "뇌는 왜요?"

 "알코올은 뇌를 둔하게 만든다고 했지? 둔해진 뇌는 일을 잘 못하게 되고 말이야. 그런데 뇌는 사용하지 않는 부분이 점점 약해지게 되어 있단다. 세상의 모든 물건들은 사용을 하면 할수록 닳고 약해지지만 뇌는 사용을 하면 할수록 오히려 더 발달하고 강해지게 되어 있어요. 그래서 뇌가 일을 자주 쉬게 되면 결국 점점 약해지고 나중엔 아

예 일을 못하게 된단다."

원장 선생님의 말씀에 현서가 자리에서 펄쩍 뛰었어요.

"그럼 저는 바보가 되는 거예요?"
"하하하, 현서는 모르고 한 번 마신 거니까 괜찮아요. 그러니 걱정하지 말거라."

현서는 가슴을 쓸어내렸어요. 모르고 마신 술 때문에 바보가 된다면 정말 억울할 것 같았기 때문이에요.

"하지만 현서가 어른이 되기 전까지는 술을 마시지 않는 게 좋단다. 뇌가 하는 일 중에는 현서의 몸이 자랄 수 있도록 조절하는 일도 있거든. 그런데 술을 마셔서 뇌가 둔해지면 현서가 쑥쑥 자라는 데에 방해를 받게 돼요."

"그럼 키도 자라지 않겠네요?"

"그렇지. 그리고 술 이야기가 나온 김에 담배에 대해서도 이야기를 해 주어야겠구나. 담배는 어른이 되어서도 피우지 않는 것이 좋아요."

"왜요, 선생님?"

"담배에는 몸에 해로운 물질이 굉장히 많이 들어 있거든. 가끔 마시는 적절한 양의 술은 건강에 도움을 주기도 하지만, 담배는 절대 그렇지 않아요. 담배는 건강을 해치는 일만 하지. 특히 폐암을 비롯한 다른 많은 암들의 원인이 되기도 해요. 뿐만 아니라 심장병, 호흡기 질병 등의 직접적인 원인이 된단다."

현서는 길에서 담배를 피우는 사람과 마주쳤을 때를 떠올렸어요. 지나가다 맡았던 담배 냄새는 절로 인상이 찌푸려질 만큼 너무 고약했어요. 현서는 도저히 이해가 안 간다는 듯이 물었어요.

"그렇게 몸에도 나쁘고 이상한 냄새도 나는 담배를 왜 피우는 거예요?"

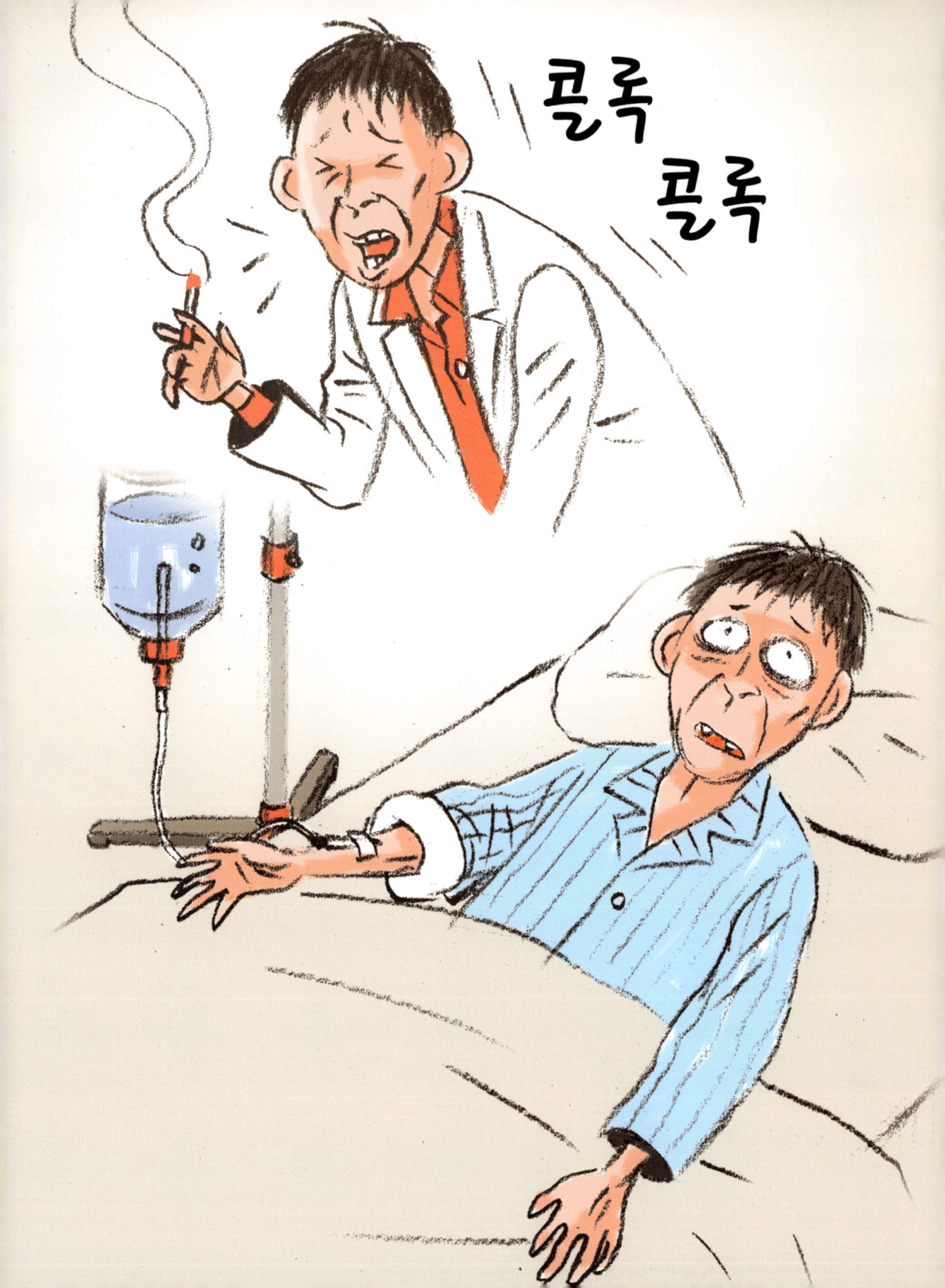

"담배에는 니코틴이라는 성분이 들어 있단다. 담배를 피우면 니코틴이 몸에 들어오게 돼요. 그런데 몸이 니코틴에 익숙해지면 정기적으로 니코틴이 들어오길 바라게 되지. 그래서 습관적으로 담배를 피우게 되는 거야. 결국 나중에는 담배를 끊고 싶어도 끊기가 매우 힘들어지게 된단다."

원장 선생님의 자세한 설명에 현서는 어깨를 으쓱하며 말했어요.

"어른들도 담배가 그렇게 나쁘다는 걸 분명히 알고 있잖아요. 그러면 처음부터 시작을 안 하면 되지 않나요?"
"그러게 말이야. 현서는 그런 어리석은 사람이 되면 안 돼요, 알겠지? 그리고 이 담배라는 것은 한참 자라고 있는 어린이와 청소년들에게는 더더욱 좋지 않아요."

"어떻게 좋지 않은 건데요, 원장 선생님?"
"담배에는 4,000가지가 넘는 나쁜 물질들이 가득 들어 있어요. 아까도 말했던 것처럼 암의 원인이 되는 해로운 물질들과 독성 화학물질들 말이지."

    4,000가지? 현서는 깜짝 놀랐어요. 현서가 생각했던 것보다 훨씬 많은 나쁜 물질들이 들어 있었기 때문이에요. 현서는 자기도 모르게 인상을 찌푸렸어요. 원장 선생님은 설명을 계속하셨어요.

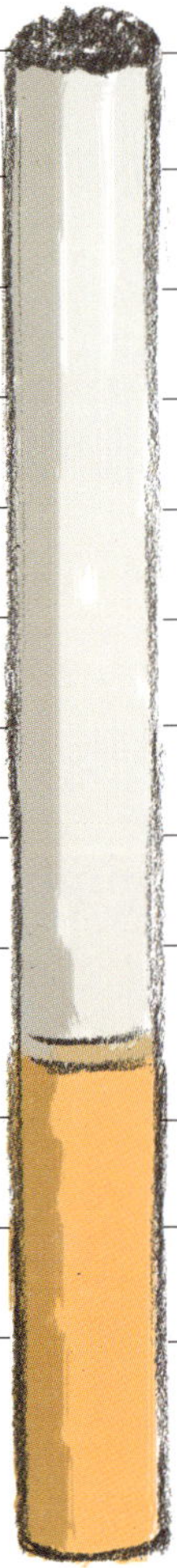

CO-일산화탄소(연탄가스 중독 주원인)

Hydrogen Cyanide-청산가리 (사형가스실에서 사용되는 독극물)

Acetone-아세톤(페인트 제거제)

Toludine-툴루이딘

Formaldehyde-포름알데히드 (매운맛, 최루탄 사용)

Ammonia-암모니아(바닥청소제)

Naphthylamine-나프티라민(방부제)

Urethane-우레탄(산업용 용제)

Methano-메타놀(로켓연료)

Arsenic-아세닉(비소, 흰개미의 독)

Pyrene-피렌

Dibenzacridine-디벤즈아크리딘

DimethylInitrosamine 디메칠니트로사민(발암물질)

Phenol-페놀(석탄산, 소독제)

Napthalene-나프타린(좀약)

Butane-부탄(라이터의 원료)

Nicotine-니코틴(살충제, 제초제, 마약)

Polonium 210-플로늄 210(방사선)

Cadmium-카드미움(자동차 밧데리 사용)

DDT-디디티(살충제)

Carbon Monoxide-카본 모노옥사이드 (자동차 배기가스 중에 있는 독성가스)

Tar-타르

Benzopyrene-벤조피렌(강력한 발암물질)

Virnyl Chloride-비닐 크롤라이드 (PVC 원료)

"한참 자라고 있는 세포는 아직 완성되지 않았기 때문에 매우 약해요. 그래서 담배에 들어 있는 나쁜 물질들이 몸에 들어오게 되면 어른보다 더 크게 영향을 받게 되는 거야. 게다가 일찍부터 나쁜 물질을 흡수하게 되면 건강에 몹시 해롭고 수명이 크게 단축된단다."

현서는 상상만 해도 끔찍하다는 듯 몸서리를 치며 말했어요.

"저는 어른이 돼도 담배는 멀리할 거예요!"
"그래, 우리 약속하자꾸나. 어른이 되어서도 담배는 반드시 멀리하기로 말이다."

현서의 말에 원장 선생님은 인자한 미소를 지으시며 현서의 머리를 쓰다듬어 주셨어요.

집으로 돌아온 현서는 엄마의 도움을 받아 몸을 씻고 자리에 누웠어요. 내일부터 당분간 친구들과 뛰어놀 수 없다는 것이 조금 속상했어요.

'에이, 그래도 함부로 뛰어놀다가는 손목이 더 오래 아플 거야.'

현서는 눈을 감았어요. 왠지 오늘은 다른 날보다 좀 더 피곤했어요.

'술을 마셔서 그런 게 분명해. 술 때문에 손목도 다치고. 쳇.'

현서는 입을 삐죽이며 술을 원망했어요. 모르고 마신 술이지만 술만 마시지 않았어도 손목을 다치진 않았을 거예요. 평소보다 더 피곤하지도 않았을 테고요. 그리고 내일도 친구들과 신나게 뛰어놀 수 있었을 거예요.

'아무리 실수였다고는 하지만 정말 속상해. 내가 다시는 술을 마시나 봐라.'

현서가 마음 속으로 다짐하며 잠이 들려는 바로 그때였어요.

"켈켈켈켈."
"빠하하하!"

갑자기 들려온 괴상한 웃음소리에 현서는 눈을 번쩍 떴어요. 현서가 몸을 일으키자 방의 한 구석에서 검붉은 빛과 어두운 초록빛이 스멀스멀 피어오르는 것이 보였어요. 왠지 으스스하고 음침한 느낌에 현서는 덜컥 겁이 났어요.

'소리를 지를까? 그럼 엄마랑 아빠가 달려오시겠지?'

현서가 막 소리를 지르려고 마음먹은 순간, 정체를 알 수 없던 웃음소리가 곧 뚜렷한 모습으로 변하며 현서에게 말을 걸었어요.

"네가 현서지? 만나서 반갑다! 나는 알따라고 해, 켈켈켈."

초록색 술병의 모습을 한 알따가 먼저 인사를 건넸어요. 그리고 뒤이어 머리 꼭대기에서 빨간 불을 깜빡이며 연기를 모락모락 피워 올리고 있던 담배가 현서에게 인사를 했어요.

"안녕, 현서야! 나는 빠끄미야, 빠하하하!"

현서는 빠끄미에게서 나는 담배 냄새 때문에 인상을 찌푸렸어요. 알따와 빠끄미는 음흉한 미소를 지으며 현서에게 다가왔어요.

"켈켈, 우리가 현서 너를 찾아온 이유는 너에게 좋은 곳을 소개해 주고 싶어서야."
"좋… 좋은 곳이라니?"

알따의 말에 현서가 의심 가득한 눈초리로 되물었어요. 그러자 빠끄미가 생각만 해도 신이 난다는 듯 몸을 흔들며 설명했어요.

"그곳은 뭐든지 네 마음대로 해도 되는 곳이야. 어른들의 간섭 같은 건 하나도 없는 곳이지. 먹고 싶은 것, 마시고 싶은 것, 뭐든지 네 마음대로 먹고 마실 수 있어! 심지어 술과 담배까지도 말이야! 빠하하!"

빠끄미의 말을 들은 현서의 머릿속에 원장 선생님께 들었던 술과 담배에 대한 설명이 떠올랐어요. 현서는 콧방귀를 뀌며 말했어요.

"흥! 됐어. 나는 관심 없으니까 너희들이나 실컷 가서 놀아."

현서의 말에 알따와 빠끄미가 당황한 것 같아 보였어요. 자기들끼리 속닥거리는 알따와 빠끄미를 무시하고 현서는 자리에 도로 누웠어요.

"너희가 무슨 수를 써도 따라가지 않을 거니까 헛수고하지 말고 얼른 돌아가."

당당하게 말한 현서가 눈을 꾹 감았어요. 하지만 현서는 그 바람에 알따와 빠끄미가 달려드는 것을 보지 못했어요.

"우리가 그냥 갈 줄 알고? 켈켈켈."
"네가 가기 싫다면 억지로라도 데리고 가겠어, 빠하하

하!"

"앗! 이게 무슨 짓이야? 당장 놓지 못해!"

현서는 알따와 빠끄미에게 양팔을 잡힌 채 소리쳤어요. 하지만 알따와 빠끄미는 현서를 놓아주지 않았어요. 현서는 발버둥을 쳐 보았지만 알따와 빠끄미의 힘을 당해낼 수가 없었어요.

"알딸따리 알따알딸!"
"빠끔빠끔 빠아끄으으으음!"

알따와 빠끄미가 주문을 외우자 현서의 방, 한쪽 구석에 시커먼 구멍이 나타났어요. 아까 알따와 빠끄미가 나타났던 바로 그 자리였어요. 알따와 빠끄미는 현서를 잡아끌며 그 구멍으로 뛰어들었어요.

"싫어, 나는 가기 싫단 말이야!"

하지만 현서의 외침을 뒤로 하고 검은 구멍은 스르륵 닫혀버렸어요.

제 3화
불량 왕국으로

"으아악!"

현서는 어딘가로 내동댕이쳐지며 비명을 질렀어요. 잠시 후, 정신을 차린 현서는 주위를 둘러보았어요. 그곳은 어둡고 음침한 분위기의 마을이었어요. 알따와 빠끄미가 현서를 잡아 일으켜 세웠어요.

"불량 왕국에 온 것을 환영해, 켈켈켈."

"너도 이제부터 마음껏 술을 마시고 원하는 대로 담배를 피워도 돼, 빠하하하!"

"맞아. 여기엔 간섭하는 어른이 한 명도 없거든, 켈켈켈."

현서는 주위를 둘러보았어요. 현서와 비슷한 또래로 보이는 아이들이 이곳저곳에서 쉽게 눈에 띄었어요. 그런데 그 아이들은 하나같이 손에 뭔가를 들고 있었어요.

'뭘 들고 있는 거지?'

현서는 아이들을 조금 더 자세히 바라보았어요. 아이들 중 몇몇은 손에 병을 들고 있었어요. 그 아이들은 입가로 병을 가져갔어요. 그러고는 '크으' 하며 아저씨 같은 소리를 냈어요. 아마도 술을 마시고 있는 것 같았어요.

또 몇몇 아이들은 담배를 피우며 돌아다니고 있었어요. 현서가 담배를 피우는 아이들을 쳐다보고 있다는 것을 알아챈 빠끄미가 현서에게 말했어요.

"너도 저 아이들처럼 멋지게 연기를 내뿜을 수 있어. 아니, 저 아이들보다 더 멋지게 담배를 피울 수 있을 거야. 빠하하하!"

"맞아. 그리고 만약 네가 술을 마시게 된다면 여기에 있는 누구보다도 더 행복해질 수 있을 거야. 얼마나 기분이 좋아진다고! 켈켈켈."

알따도 질세라 말했어요. 하지만 현서는 인상이 찌푸려지는 것을 막을 수 없었어요. 도대체 자기가 왜 이곳에 잡혀 와야 했는지 이해가 가지 않았어요.

"대체 왜 날 여기로 잡아 온 거야?"
"잡아 오다니? 우린 널 초대한 거야, 켈켈켈."
"맞아. 이렇게 좋은 곳으로 우리가 초대해 준 거라고, 빠하하하!"

"술을 마셔 보거나 담배를 피워 본 어린이들만이 이곳,

불량 왕국에 초대받을 자격이 생기지! 켈켈켈."

"그리고 그 아이들 모두 이곳에서 행복하게 잘 지내고 있다고, 빠하하하!"

알따와 빠끄미의 말에 현서는 주먹을 불끈 쥐고 외쳤어요.

"난 이곳에 있고 싶지 않아! 날 집으로 돌려보내 줘!"

알따와 빠끄미는 흠칫 놀라더니 현서에게서 조금 떨어진 곳으로 갔어요. 그러고는 또 자기들끼리 속닥거렸어요. 현서는 그 둘을 노려보며 생각했어요.

'대체 어떻게 해야 집으로 돌아갈 수 있는 거지?'

그 때였어요. 갑자기 현서의 눈앞에 환한 빛이 생겼어요. 그 빛은 금세 현서의 손바닥만 한 작은 사람의 모습으로 바뀌었어요. 새하얀 날개를 등에 달고 있는 작고 예쁜 여자아이였어요.

현서는 깜짝 놀라 얼른 알따와 빠끄미가 있는 쪽을 쳐다보았어요. 하지만 그 둘은 무슨 이야기를 하고 있는 건지 현서가 있는 쪽은 신경도 쓰지 않고 있었어요. 새하얀 날개를 단 여자아이는 현서를 보며 인사했어요.

"안녕! 나는 우유의 요정, 하야미라고 해."
"아, 안녕? 나는 현서야."

현서는 조금 당황했어요. 하야미는 현서에게 방긋 웃으며 말했어요.

"나는 현서 너를 구출하러 왔어."
"나를? 그게 정말이야?"

현서는 기쁜 마음에 하마터면 큰 소리를 낼 뻔했어요. 하지만 하야미는 난처한 얼굴로 말을 이었어요.

"물론이야. 하지만 불량 왕국으로 오기 위해 힘을 너무 많이 써서 지금 당장은 너를 집에 데려다 줄 수가 없어."

"그럼 어떻게 해야 해?"

"분명히 저 알따와 빠끄미는 너를 유혹해서 술을 마시게 하거나 담배를 피우게 할 거야. 하지만 네가 그 유혹에 넘어가지 않는다면 나는 너의 그 마음에서 힘을 얻어 너와 함께 집으로 돌아갈 수 있어."

"그 힘은 얼마만큼 모아야 하는 거야?"

하야미는 손에 들고 있던 우유병을 현서에게 보여 주었어요. 병 속에는 바닥이 거의 보일 만큼 아주 적은 양의 우유만 담겨 있었어요.

"현서야, 너의 맑고 강한 마음을 통해 모이는 힘이 우유로 변하게 될 거야. 그럼 이 병 안에 우유가 점점 채워지게 될 거고, 이 병이 우유로 가득 채워지면 우리는 집으로 돌아갈 수 있어."

"좋아. 나는 절대로 유혹에 넘어가지 않겠어. 그래서 얼

른 우유를 모아 집으로 돌아갈 거야."

 현서는 굳게 다짐했어요. 하야미는 현서의 말에 매우 기뻐했어요. 그 때 알따와 빠끄미가 현서에게로 돌아오는 것이 보였어요.

 "힘이 별로 남아 있지 않지만, 할 수 없지. 하야미하야미 우유유유!"

 작게 중얼거린 하야미가 우유병의 뚜껑을 열고 주문을 외웠어요. 그러자 하야미의 몸이 반투명하게 변했어요.

 "이제부터 내 모습은 현서, 너에게만 보일 거야. 그리고 내가 하는 말도 너에게만 들릴 거야. 물론 네가 나에게 하는 말도 나에게만 들리니까 걱정하지 않아도 돼."

 하야미가 현서에게 설명하는 사이 가깝게 다가온 알따와 빠끄미가 말했어요.

"이제부터 우리가 불량 왕국을 안내해 주겠어, 켈켈켈."

"너도 불량 왕국을 둘러보고 나면 생각이 바뀔 거야, 빠하하하!"

"글쎄, 과연 그럴까?"

현서는 시큰둥하게 대답하며 억지로 내키지 않는 걸음을 옮겼어요.

제4화
집으로 돌아갈래!

현서는 자신의 어깨에 걸터앉은 하야미에게 말했어요.

"그래도 모습을 감출 만큼 우유가 남아 있어서 다행이야."
"응. 그 바람에 우유가 모두 없어졌지만 현서, 너라면 금방 모을 수 있을 거야."

하야미의 격려에 현서는 기분이 조금 나아졌어요. 현서

를 데리고 가던 알따와 빠끄미는 춤을 추고 있는 아이 앞에서 멈추었어요. 그 아이는 너무나도 즐거워 보였어요. 현서는 고개를 갸웃거리며 알따와 빠끄미에게 물었어요.

"쟤는 춤을 추는 걸 좋아하는 아이야?"
"아니야. 그냥 즐거우니까 춤을 추는 거야, 켈켈켈."
"술을 마시고 기분이 몹시 좋아졌거든, 빠하하하!"

그리고 보니 아이의 주변에는 여기저기 술병이 널려 있었어요. 아이는 가끔 빈 병을 밟고 꽈당 소리를 내며 넘어지기도 했어요. 하지만 헤죽헤죽 웃으며 금세 일어났어요. 그리고 나서 콧노래까지 흥얼거리며 계속해서 춤을 췄어요.

"어때? 참 즐거워 보이지 않아? 켈켈켈."
"너도 저렇게 행복해질 수 있다고, 빠하하하!"

알따와 빠끄미가 의기양양하게 말했어요. 하지만 현서는 코웃음을 치며 속으로 생각했어요.

'흥, 바보같이 해롱거리고 있는 모습이 뭐가 즐거워 보인다는 거야?'

알따와 빠끄미는 현서의 표정을 살피고는 또 다른 곳으로 현서를 이끌었어요. 이번에 멈춘 곳은 계속해서 웃고 있는 아이의 앞이었어요. 아이는 배를 붙잡고 쉬지 않고 깔깔깔 웃고 있었어요.

"쟤도 즐거운 일이 있는 게 아니라 술을 마셔서 저렇게 웃고 있는 거야?"
"물론이지! 빠하하하!"
"술을 마시는 것만으로도 얼마나 즐거워지는지 이제 알겠어? 켈켈켈."

웃고 있는 아이의 주변에는 춤을 추던 아이보다 더 많은 술병들이 굴러다녔어요. 현서는 진동하는 술 냄새에 코를 틀어쥐고 먼저 그 자리를 떠났어요.

'마셔 보니 속이 메스껍기만 하던데 뭘. 즐거워지긴…

술 냄새만 맡아도 속이 안 좋아지려고 하잖아, 쳇!'

알따와 빠끄미가 황급히 현서의 앞으로 나섰어요. 현서는 팔짱을 낀 채 골이 난 얼굴로 그 둘을 노려보았어요. 알따와 빠끄미는 허둥거리며 현서를 또다시 어딘가로 이끌었어요.

"현서야, 이것 봐! 우유가 모이고 있어!"

하야미가 현서에게 우유병을 보여 주었어요. 하야미의 말대로 빈 병이었던 우유병에 우유가 조금 생겼어요. 현서는 머지않아 집에 돌아갈 수 있다는 생각에 가슴이 벅차오르는 것 같았어요.

그 후로도 현서는 알따와 빠끄미에게 이끌려 불량 왕국 이곳저곳을 돌아다녔어요. 그리 크지 않은 불량 왕국이었지만 생각보다 꽤 많은 아이들이 머무르고 있었어요. 그런데 술을 마시는 아이들을 지켜보던 현서는 한 가지 이상한 점을 발견하게 되었어요.

'술을 많이 마신 아이들일수록 원숭이와 많이 닮아 있는 걸? 생김새뿐만 아니라 행동도 그래.'

심지어 불량 왕국에서 술을 가장 많이 마신다는 아이는 이미 꼬리까지 자라나 있었어요. 게다가 아이들의 키는 하나같이 작았어요. 원장 선생님의 말씀처럼 술을 마셔서 키가 자라지 않은 것이 분명했어요. 현서는 하야미에게 말했어요.

"하야미, 난 저 아이들처럼 되고 싶지 않아. 절대로 저렇게 되지는 않을 거야!"
"응. 현서야, 너는 괜찮을 거야. 나는 현서를 믿어."

기분 탓인지 우유병 속의 우유가 좀 더 많아지는 것 같았어요. 현서는 알따와 빠끄미에게는 별다른 말을 하지 않고 가만히 그 둘의 뒤를 따랐어요. 알따와 빠끄미는 현서가 술에 관심을 보이지 않자 이번에는 담배를 피우는 아이들을 만나게 해 주었어요.

"어때? 왠지 어른처럼 보이는 게 멋있지 않아? 빠하하하!"

"남들보다 일찍 어른이 될 수 있다고, 켈켈켈."

알따와 빠끄미의 말에 그 아이는 씩 웃으며 연기를 내뿜었어요. 자기 쪽으로 날아오는 연기를 보고 현서는 순간, 인상을 찌푸렸어요. 하지만 그 아이는 잘난 척을 하며 거만한 표정으로 계속해서 담배를 피워 댔어요.

'뭐야, 저러면 자기가 정말로 멋있어 보이는 줄 아나 봐. 내가 다 창피하고 부끄럽네.'

현서는 고개를 설레설레 저으며 돌아섰어요. 알따와 빠끄미는 그런 현서를 불량 왕국의 또 다른 곳으로 데리고 갔어요. 담배를 피우는 아이들은 술을 마시는 아이들보다 키가 더 작았어요. 게다가 할머니, 할아버지처럼 주름이 자글자글한 얼굴로 걸핏하면 기침을 해 댔어요.

'몸에서는 이상한 냄새가 나서 가까이 가기도 싫고, 침

은 왜 그렇게 자꾸 뱉어 대는 거야? 정말 더러워서 못 봐 주겠네.'

현서는 더 이상 알따와 빠끄미에게 끌려다니고 싶지 않았어요. 하루 종일 끌려다녀 몹시 지치기도 했지만, 술을 마시고 담배를 피우는 아이들을 보면 볼수록 기분이 점점 더 나빠졌기 때문이에요. 현서는 자리에 털썩 주저앉았어요.

"나는 힘들어서 더 이상 못 가겠어."
"힘들어? 술을 마셔 보는 게 어때? 그럼 힘이 날 거야, 켈켈켈."

"이젠 더 이상 너희와 함께 다니고 싶지 않아."
"담배를 피워 봐. 그럼 기분이 나아질 거야, 빠하하하!"

알따와 빠끄미가 각자 술병과 담배를 내밀며 말했어요. 현서는 기분 나쁘다는 듯 고개를 팩 돌려버렸어요. 하야미는 현서가 걱정되는 듯 현서의 얼굴 앞으로 포르르 날아왔어요.

"말도 안 되는 소리를 하고 있어!"

하야미가 현서 대신 화를 냈어요. 그 둘은 포기하지 않고 현서를 유혹했어요.

"자, 너도 어서 술을 마셔 봐. 불량 왕국의 누구보다 행복해질 수 있어, 켈켈켈."
"현서야, 어서 담배를 피워 봐. 불량 왕국에서 가장 멋있는 사람이 될 수 있어, 빠하하하!"

현서가 아무 말도 하지 않자 알따와 빠끄미의 유혹은 점점 더 심해졌어요. 마치 현서가 곧 넘어올 거라고 믿고 있는 것 같았어요. 끈질긴 유혹에 더는 참을 수가 없어진 현서가 그 둘에게 있는 힘껏 외쳤어요.

"싫어! 싫다고! 술을 마시고 싶지도 않고, 담배를 피우고 싶지도 않아! 원숭이가 되고 싶지도 않고, 냄새나고 주름이 자글자글한 사람이 되고 싶지도 않아! 여기에 있는 것 자체가 기분 나빠! 집에 가고 싶어! 집에 갈 거야!"

현서는 씩씩거리며 알따와 빠끄미를 노려보았어요. 알따와 빠끄미는 현서에게 무어라 말을 하려고 했어요. 하지만 그 둘이 말을 하기도 전에 현서가 다시 외쳤어요.

"나는 어른이 될 때까지 술을 마시지 않을 거야! 어른이 되어서도 건강을 해칠 만큼 많이 마시지도 않을 거야! 그리고 담배는 어른이 되어서도 피우지 않을 거라고!"

현서의 외침이 끝나기가 무섭게 하야미의 손에 있던 우유병에서 하얀 빛이 폭발하듯 터져 나왔어요.

"이, 이게 무슨 일이지?"
"설마!"

알따와 빠끄미가 당황한 목소리로 외쳤어요. 잠시 후 빛이 사라진 곳에는 어느새 현서만큼 커진 하야미가 의기양양한 얼굴로 서 있었어요.

"역시 하야미, 너였구나!"

"에잇! 매번 우리를 방해하다니!"
"호호호, 현서는 너희들의 못된 꾐에 넘어갈 아이가 아니야!"
알따와 빠끄미가 분하다는 듯 하야미를 노려보았어요. 하야미는 씩 웃으며 현서에게 말했어요.

"현서야, 너의 강한 의지 덕분에 우유를 빨리 모을 수 있었어. 다행이야!"

하야미가 현서에게 우유병을 보여 주었어요. 그 속에는 하얀 우유가 가득 들어 있었어요. 현서는 환해진 얼굴로 하야미에게 물었어요.

"그럼 이제 집으로 돌아갈 수 있는 거야?"
"물론이지!"
현서는 너무 신이 나서 폴짝폴짝 뛰었어요.

"어서 집으로 돌아가자! 여기는 잠시도 더 있고 싶지 않아. 어서 가자, 어서!"
"그래, 알았어. 하야미야미 우유야미 야미야미 우유우우우!"

"자, 잠깐!"
"현서야! 기다려 봐!"

　하야미가 조금 긴 주문을 외우자 곧 현서와 하야미는 흰 빛으로 둘러싸였어요. 알따와 빠끄미는 다급하게 현서를 불렀지만 현서는 조금도 귀를 기울이지 않았어요.

"이런 곳엔 다시는 오고 싶지 않아!"

　현서와 하야미가 사라진 자리엔 현서의 외침만이 남았어요. 알따와 빠끄미는 입을 벌린 채 현서가 있던 자리를 멍한 표정으로 바라보았어요.

제 5 화
건강한 어린이가 될 테야!

현서는 살며시 침대에 내려앉는 느낌에 꽉 감았던 눈을 떴어요. 하야미가 방긋 미소를 지으며 현서에게 손을 내밀었어요.

"집으로 돌아온 것을 축하해, 현서야."
"정말 고마워. 하야미 네가 아니었으면 돌아오지 못했을 거야."

둘은 악수를 하며 환하게 웃었어요.

"가기 전에 너희 집 전체에 주문을 걸어 줄게. 알따와 빠끄미가 다시는 찾아오지 못하도록 말이야."
"정말? 그럼 주문을 걸어 주겠니?"

하야미의 말에 현서가 반색을 했어요. 하야미는 우유병을 열고 주문을 외웠어요. 포근한 하얀빛이 현서네 집을 감쌌다가 곧 사라졌어요. 현서와 하야미가 두 손을 맞잡았어요.

"현서야, 중학생, 고등학생이 되어서도 그리고 어른이 되어서도 지금처럼 술과 담배를 멀리해서 튼튼하고 건강한 사람이 되기를 바랄게."
"응, 꼭 그럴 거야."

현서는 하야미에게 밝은 얼굴로 약속했어요.

며칠 뒤 현서네 학교에서는 글짓기 대회가 열렸어요.

"오늘은 글짓기 대회가 있는 날이에요. 각자 자기가 쓰고 싶은 주제를 가지고 나눠 준 종이에 써 보세요."

현서는 어떤 글을 쓸까 생각해 보았어요.

'아! 그게 있었지?'

잠시 고민하던 현서가 좋은 생각이 났다는 듯 자신 있게 제목을 적었어요.

「알따와 빠끄미는 싫어요!」

현서는 원장 선생님께 들었던 이야기들과 자신이 불량왕국에서 보고 느낀 점들을 가지고 글을 쓰기 시작했어요. 술을 마시면 어떻게 되는지, 또 담배를 피우면 어떻게 되는지, 그리고 술과 담배가 한참 자라고 있는 어린이에게 얼마나 해로운지에 대해 차근차근 써내려갔어요.

다시 며칠이 지났어요. 주말을 즐겁게 보내고 학교에 간

현서는 기쁜 소식을 듣게 되었어요.

"현서야, 축하한다. 네가 쓴 글이 글짓기 대회에서 상을 받게 되었단다."

선생님께서 환한 미소로 축하해 주시자 현서는 너무나 기쁘고 자랑스러웠어요. 현서는 모든 친구들 앞에서 상을 받았어요. 친구들도 박수를 치며 현서를 축하해 주었어요.

"그럼 현서가 친구들 앞에서 자기 글을 발표해 볼까?"

현서는 칠판 앞에 서서 자기가 쓴 글을 큰 소리로 발표했어요. 친구들 모두 현서의 발표에 귀를 기울였어요. 현서의 발표가 끝나자 원진이가 손을 번쩍 들고 질문했어요.

"현서야, 너는 어떻게 그런 것들을 알게 됐니?"

"사실은 얼마 전에 너희들과 신나게 뛰어놀고 집에 갔는데, 술을 물인 줄 알고 마셨거든. 너무 급하게 마시느라

술인 줄 몰랐던 거야. 그런데 갑자기 속이 메스껍고 어지러워졌어. 그 바람에 넘어져서 손목을 삐었고. 그래서 지압원에 가게 됐는데 지압원의 원장 선생님께서 말씀해 주셨어."

현서의 대답에 수린이가 깜짝 놀라며 물었어요.

"어린이가 술을 마시면 건강을 해친다는데 현서, 너는 괜찮은 거니?"
"나도 그래서 걱정이 많이 되었는데, 모르고 한 번 마신 거라 괜찮다고 하셨어. 하지만 앞으로는 조심해서 다시는 술을 마시는 일이 없도록 하려고 해."

반 친구들이 모두 고개를 끄덕였어요. 현서가 친구들에게 말했어요.

"우리 모두 함께 술과 담배를 멀리하자. 그럼 다 같이 건강하고 멋있는 어른으로 자랄 수 있을 거야."
"키도 쑥쑥 자라고!"

"몸에서 이상한 냄새가 나지도 않고!"
"튼튼하고 건강한 사람이 되자!"

친구들이 현서의 말을 받아 외쳤어요. 그러고는 모두 큰 소리로 웃음을 터뜨렸어요.

'다행이야. 이러면 알따와 빠끄미가 내 친구들에게 가까이 오지 못할 거야.'

현서는 친구들과 함께 웃으며 안심했어요. 집으로 돌아온 후에도 친구들이 불량 왕국에 끌려가지는 않을까 걱정을 많이 했거든요. 현서는 앞으로 자신뿐만 아니라 친구들도 술이나 담배를 멀리하도록 돕겠다고 결심했어요.

'하야미와 한 약속을 꼭 지킬 거야.'

하야미가 응원의 빛을 보내는 것처럼 창밖의 해가 환한 빛을 비춰 주었어요.

부록

어린이 친구들에게

앗, 얘들아 안녕?

나는 하야미야.

혹시 너희들 알따와 빠끄미를 보지 못했니? 분명히 이쪽으로 도망간 것 같았는데 말이야. 음, 녀석들과 만나게 될지도 모르니까 너희들에게 몇 가지만 알려 주고 갈게. 알따와 빠끄미의 유혹에 넘어가면 큰일이거든.

-술이 우리 몸에 미치는 영향-

 어쩌다 한 번 가볍게 마시는 알코올은 우리 몸의 흐름을 원활하게 만들어서 건강에 도움을 주기도 해. 하지만 자주, 많이 마시는 술은 나쁜 영향을 끼친단다. 특히 어린이들에게 술은 더더욱 해롭다는 걸 꼭 기억해야 해.

 알코올은 가장 먼저 식도와 위장에 영향을 주게 돼. 위의 보호막을 씻어내서 위에 출혈이 생기거나 염증이 생기게 되거든. 출혈이라는 말은 피가 난다는 뜻이야. 그리고 식도에서도 출혈이 생길 수 있어. 뿐만 아니라 소화 기능을 방해해서 설사를 하게 만들기도 하거든. 또 '이자'라고도 불리는 췌장을 망가뜨려서 당뇨병에 걸리게 하지.

그리고 알코올을 분해해야 하는 간에 무리가 가기 때문에 간과 관련된 여러 병들이 발생하기도 해. 염증이 생긴다거나, 지방이 낀다거나, 간이 딱딱하게 굳어지거나 하는 것 말이야.

그것뿐만이 아니야. 알코올은 몸의 곳곳에 종양이 생기게 할 수도 있어. 특히 알코올과 직접 만나는 소화기관이나 알코올을 분해하는 간이 위험하지. 또 심장에도 병이 생길 수 있고, 신체의 면역 기능을 떨어뜨려서 여러 가지 병에 걸릴 확률이 높아져.

게다가 알코올은 뇌에도 좋지 않은 영향을 미치거든. 예를 들면 알코올은 뇌의 일부를 마비시켜 둔하게 만들어. 그래서 술을 자주, 오래 마시게 되면 뇌가 점점 망가지게 되는 거야. 술 때문에 뇌세포가 정상

부록 **91**

적인 양보다 훨씬 많이 죽게 되거든. 그러다 보면 사고력과 기억력에도 장애가 오게 되고, 집중력, 판단력에도 장애가 생기게 돼.

심한 경우 알코올성 치매가 되기도 해. 알코올에 중독이 될수록 점점 자제력과 판단력을 잃게 되고 술은 점점 더 끊기 힘들어지지.

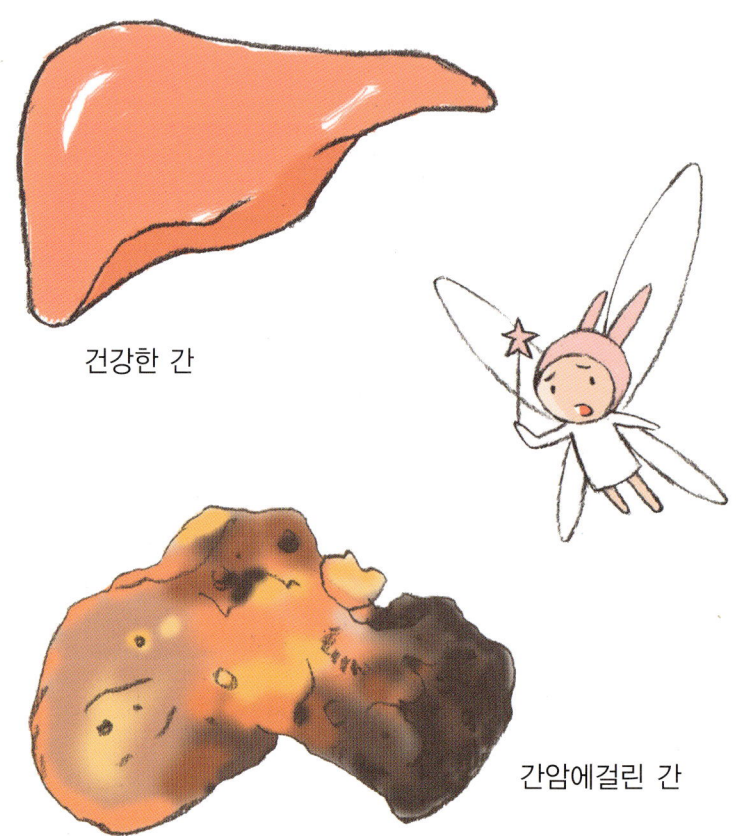

건강한 간

간암에걸린 간

-담배가 우리 몸에 미치는 영향-

담배는 '백해무익(百害無益)'이라고 하는 말 들어 봤지? 그 말은 나쁜 점은 정말 많은데 좋은 점은 하나도 없다는 뜻이야.

담배에는 4,000가지가 넘는 발암물질과 독성 화학물질이 들어 있어. 발암물질이란 것은 암이 생기는 원인이 되는 물질이라는 뜻이야. 그중에서 대표적으로 알려져 있는 해로운 물질은 타르, 니코틴, 일산화탄소 등이야. 특히나 타르 속에는 수천 가지가 넘는 독성 화학물질이 들어 있다고 해.

이런 나쁜 물질들이 결과적으로 우리 몸속에서 폐암과 심장병, 호흡기와 관련된 병들이 생기도록 만드는 거야. 게다가 다른 수많은 암들의 원인이 되기도 하고 말이야.

그리고 담배를 계속해서 피우게 되면 우리 몸에 산

소가 부족하게 되거든. 그러다 보면 뇌가 그 영향을 받아 두통이나 어지럼증 등이 생길 수도 있고, 심하면 기억력이 감퇴되기도 해.

게다가 담배는 끊기도 어려워. 담배 속에 들어 있는 니코틴에 중독이 되기 때문이야. 몸이 니코틴에 익숙해지면 나중에는 주기적으로 니코틴을 흡수하려고 해. 그래서 습관적으로 담배를 피우게 되는 거야. 그럴 때마다 수천 가지의 발암물질과 독성 화학물질을 함께 흡수하게 된다는 것을 알면서도 말이야. 그러니 아예 처음부터 멀리하는 것이 낫겠지?

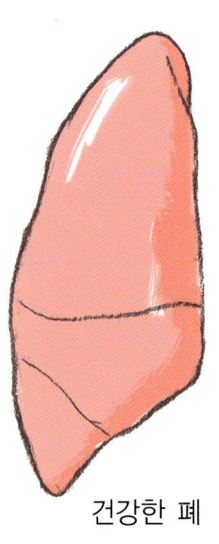  

건강한 폐　　　　　　　　　폐암에걸린 폐

-술과 담배가 어린이와 청소년에게 미치는 영향-

그럼 어린이와 청소년도 술과 담배에 어른과 똑같은 영향을 받을까? 물론 아니야. 당연히 더 많은 나쁜 영향을 받게 되지.

술이 뇌에 영향을 미친다고 했었지? 우리의 뇌는 우리 몸에서 일어나는 거의 모든 일을 조절하고 관리하고 있어. 우리의 성장에 관한 부분까지도 말이야. 그런데 술 때문에 뇌가 마비되면 성장을 위해 하던 일도 멈추고 말아. 그래서 어릴 때부터 술을 마시는 사람은 키가 잘 자라지 않게 돼. 또 알코올의 영향을

자꾸 받다 보면 스스로 감정을 조절하는 것이 힘들어지거든. 그래서 부정적이고 충동적인 사람이 될 가능성이 매우 높아.

　게다가 어린이와 청소년은 몸의 모든 조직과 세포들이 한참 자라는 중이라 몹시 약하거든. 그래서 알코올에 더 큰 영향을 받게 되는 거야. 몸의 조직과 세포들도 알코올 때문에 마비가 되어서 열심히 자라던 것을 멈추게 되는 것이지. 심한 경우에는 조직이나 세포가 파괴되기도 하고 말이야.

건강한 어린이

유해물질로 인해 자라지 못한 어린이

그러니 몸이 다 자라고 어른이 될 때까지는 술을 멀리하는 것이 좋아. 물론 어른이 되어서도 가끔씩 적당한 양을 마셔야 하고 말이야.

담배도 마찬가지야. 성장기의 약한 세포들이 담배의 독성 물질에 쉽게 파괴돼. 그래서 잘 자라지 않게 된다거나 심지어 빨리 늙게 만들기도 해. 특히나 담배는 뇌세포를 파괴하고 알코올 못지않게 나쁜 영향을 끼치지. 또 어른에 비해 니코틴에 중독이 되기도 쉬워. 게다가 일찍부터 해로운 물질을 흡수하기 때문에 수명도 훨씬 짧아지고 말이야. 그리고 담배가 알코올보다 더 무서운 것은 아직 자라고 있는 세포와 조직에 영향을 미쳐서 유전자를 변형시킨다는 사실이야.

-확실히 거절하자!-

그렇기 때문에 혹시라도 술과 담배를 접할 경우가 생길 땐 확실하게 싫다고 말하는 것이 필요해. 우물쭈물하다가는 분위기에 휩쓸려 술을 마시게 된다거나 담배를 피우게 되거든. 괜히 분위기 때문에 평생 건강의 기초를 망칠 수는 없잖아? 그러니 분명하게
'싫어.'
　'난 술을 마시고 싶지 않아.'
　'난 담배를 피우고 싶지 않아.' 라고 거절하자! 꼭 기억해, 알겠지?

앗! 저쪽에 알따와 빠끄미가 보인다! 난 이만 저 녀석들을 잡으러 갈게. 너희들도 현서처럼 술과 담배를 멀리해서 건강하고 멋지게 자라기를 소망할게!
　안녕!

-청소년 흡연률 세계 1위-

'설마 그렇게까지?' 하겠지만 우리나라 청소년들의 흡연률은 세계 제1위입니다. 참 부끄럽고 놀라운 오명입니다.

한국 금연운동협회의 표본 조사 결과에 의하면 우리나라 청소년들의 흡연율은 44.8%나 되어 미국(15.2%)과 일본(26.2%)보다 2—3배나 높았다는 것입니다.

여학생의 흡연율도 15.5%나 되는 것으로 나타났습니다.

남학생은 두 명 중 하나, 여학생은 일곱 명중 하나 꼴로 담배를 피운다는 것입니다. 이것이 수치스럽게 생각되는 이유는 선진국들이 사회의 금연 캠페인으로 흡연률이 계속 떨어지고 있는데 반해 우리나라 청소년들은 날로 골초화하고 있다는 점 때문입니다.

-교육-

우리나라의 교육법 제1조는 교육의 목적에 대해 다음과 같이 밝히고 있습니다.

"교육은 홍익인간의 이념 아래 모든 국민들로 하여금 인격을 완성하고 자주적 생활능력과 공민으로서의 자질을 구유하게 하여 민주국가 발전에 봉사하며 인류공영의 이상 실현에 기여하게 함을 목적으로 한다."

여기에 나타나 있는 바대로 우리나라의 교육이념은 바로 홍익인간입니다. 그러나 현대 학교는 이러한 이념을 실현하기 위한 교육수단이나 방법을 연구하기 보다는 오히려 상급학교를 진학하기 위한 입시기관으로 전락되고 말았다는 지적이 많습니다.

학교가 지닌 많은 문제에도 불구하고 오늘날 자녀들은 학교를 회피할 수가 없습니다. 그러므로 주어진 여건 내에서 아이가 학교를 재미난 곳으로 여길 수 있도록 해야 합니다. 부모와 사회가 할 일은 바로 자녀들이 학교에 흥미를 느끼도록 돕는 것입니다.

교육의 성공은 교사와 학생의 관계 그리고 학생들의 관계에 의해 결정됩니다. 교사와 학생간의 협조적인 관계는 적대적이고 경쟁적인 관계보다 훨씬 더 생산적입니다. 특히 모든 것을 교사에게 의존하는 아주 어린 학생일 경우에 특히 협조적인 관계가 요청됩니다.

이런 아이들은 어느 선생님과 어느 어른이 아이들을 좋아하고 또 누가 가르치는 것을 좋아하고 또 싫어하는지 잘 알고 있습니다.

-청소년 비행-

"청소년비행"의 개념 정의는 그리 용이하지 못합니다. 이는 비행의 한계나 정의가 한 사회나 국가의 도덕 전통 관습 등에 따라 관점을 달리하며, 한 사회나 국가의 도덕 전통 관습 등에 따라 관점을 달리하며, 한 사회 내의 단체나 개인의 판단기준에 따라서도 견해를 달리 하기 때문입니다.

우리 사회에서 비행소년은 "형벌 법령 특별법에 저

촉되는 행위를 했거나, 또는 환경에 비추어 볼 때 장래 이에 저촉되는 행위를 할 우려가 있는 12세 이상 20세 미만의 범죄 비행소년"을 말합니다.

청소년 비행의 원인은 크게 두 가지로 분류될 수 있습니다. 바로 사회적인 요인과 반사회적 행동입니다. 이들은 바람직하지 못한 행동이나 태도를 그대로 받아들이기가 무척 쉬운 환경에서 자란 청소년들입니다. 그들의 부모들이 그런 행동을 보였기 때문에 그들이 이러한 반사회적인 행동을 모방하는 것은 당연한 일입니다. 그들은 도덕적으로 비정상적인 환경에서 살았기 때문에 그러한 행동이 발달된 것이 아니고 넓은 의미에서 볼 때 성격적 부적응의 증상인 것입니다. 이런 경우 사회, 경제적 지위가 중류 이상인 가정이나, 부모가 지역사회 지도자들인 경우도 많습니다. 그들의 적대감이나 대인관계를 맺을 수 없는 무능, 무책임감, 충동적인 성격 등이 반사회적인 행동으로 변화하는 것입니다. 그러나 사회적 관계에서 오는 왜곡보다는 인격적인 부적응의 문제가 더 심각합니다.

이제 비행청소년의 문제는 한 가정, 한 학교만의 문제가 아닙니다. 가정과 학교가 연대해 이들을 감싸고 새 길을 걷게 하는 성실한 진로교육이 학교와 가정, 그리고 사회에서 함께 이뤄져야 실효를 거둘 수 있습니다.

-칼릴 지브란의 명언-

당신의 아이들은 당신의 것이 아닙니다. 그들은 당신을 거쳐 온 것일 뿐 당신에게서 온 것이 아닙니다. 비록 그들이 당신과 함께 있다 하더라도 그들은 당신의 소유가 아닙니다. 당신은 그 들에게 사랑을 주는 것은 좋지만 생각을 주어서는 안됩니다. 왜냐하면 아이들은 그들 자신의 생각을 갖고 있기 때문입니다.

당신은 그들에게 육체가 거처할 집을 제공할 수 있으나 영혼이 거처할 집을 마련해 줄 수는 없습니다. 왜냐하면 그들의 영혼은 내일이란 집에 살기 때문입니다. 그곳을 당신은 꿈속에서라도 결코 방문할 수 없습니다. 당신이 아이들처럼 되려고 노력하는 것은 좋으나 그들을 당신처럼 만들려고 하지는 마십시오. 왜냐하면 인생은 뒤로 가지도, 어제에 머물러 있지도 않기 때문입니다.

당신은 활이며 당신의 아이들은 당신에게서 쏘아지는 살아 있는 화살입니다. 그 활을 쏘는 분의 손길 아래서 당신이 구부러짐을 기제 하십시오.

-어린이를 위한 투자-

두 교육학자인 우드(Paul Wood)와 슈왈츠(Bernard Schwartz)는 "부모의 소원을 자녀에게서 이루려면"에서 부모의 헌신이 자녀에게 미치는 영향 중 최고의 효과가 있음을 광범위한 연구조사로 증명하였습니다. 두 살 난 아이까지도 부모가 자기에게 주는 관심, 사랑, 보호 등 교육적인 헌신의 농도를 민감하게 안다고 합니다. 자기를 위한 부모의 헌신을 안다는 것은 최대의 교육이 됩니다.

정신의학자인 메닌거 박사에게 한 어머니가 질문했습니다.

"아이의 교육은 몇 살부터 시작하는 것이 이상적입니까?"

"당신의 아이는 몇 살입니까?"

"세 살 반입니다."

"그럼 이미 3년 반이 늦었습니다."

교육학자인 맥카(Colman Mccarthy)는 놀라운 연구보고를 발표했습니다. 16세된 아이의 성격과 행동은 12세 때 이미 결정되었고, 12세된 아이가 취한 행동은 8세 때 이미 그 원인이 잡혔고, 8세의 아이가 나타낸 행동은 3세나 4세 때에 그 뿌리가 있다는 것입니다. 교육이란 오늘 가르쳐서 내일 변화시키는 것이 아님을 증명한 연구입니다.